Das große DDR-Kochbuch

Das große DDR Kochbuch

BILD UND HEIMAT

Bildnachweis:
© dpa / Wilfried Glienke: S. 6
Fotolia: S. 8, 12, 34, 80, 82, 128
Alle anderen Fotos stammen von Angelika und Frank Schenke.
Es war leider nicht in allen Fällen möglich, die Rechteinhaber zu ermitteln.
Berechtigte Ansprüche bleiben gewahrt.

ISBN 978-3-95958-197-4

6. Auflage

Umschlaggestaltung: BEBUG mbH, Berlin
Umschlagabbildungen: © dpa / Wilfried Glienke (rechts oben); picture alliance / dpa-Zentralbild (links unten); Fotolia (links oben, Mitte, rechts unten)
Druck und Bindung: Finidr, s. r. o.

Ein Verlagsverzeichnis schicken wir Ihnen gern:
BEBUG mbH / Verlag Bild und Heimat
Axel-Springer-Str. 52
10969 Berlin
Tel. 030 / 206 109 – 0

www.bild-und-heimat.de

Inhalt

Ein Streifzug durch kulinarische Erinnerungen

Herzhafte Suppen und Eintöpfe, schmackhafte Braten, raffinierte Salate und köstliche Desserts – die Deutsche Demokratische Republik hatte ihre eigene kulinarische Kultur entwickelt. Mit Ideenreichtum und Improvisation entstanden sowohl echte Klassiker der DDR-Küche als auch regionale Besonderheiten zwischen Thüringen, Sachsen und Mecklenburg. Die in diesem Kochbuch versammelten Rezepte zeigen, dass die Küche in ostdeutschen Landen abwechslungsreich, findig, deftig und wohlschmeckend war – und bis heute ist.

Kommen Sie mit auf einen Streifzug durch kulinarische Erinnerungen und lassen Sie sich verführen vom Einfallsreichtum und der Vielfalt ostdeutscher Esskultur! Den besonderen Reiz dieses Kochbuchs machen die schönen Farbfotografien des bekannten Thüringer Fotografenduos Angelika und Frank Schenke aus. Ein Großteil der Rezepte stammt aus der Feder der passionierten Hobbyköchin Veronika Burkhardt, die seit Jahrzehnten ostdeutsche Küchentraditionen pflegt und dafür sorgt, dass sie von Generation zu Generation weitergegeben werden und nicht in Vergessenheit geraten.

Guten Appetit!

Suppen und Eintöpfe

Russische Soljanka

400 g Kassler (Kotelett oder Kamm)

500 g Wurst (Jagdwurst, Kochsalami, Lyoner, Schinkenwurst – man kann alle Sorten dazu nehmen)

4 große Zwiebeln

kleine saure Gurken und Gurkenwasser

2–3 rote oder gelbe Paprika

1 Ltr. Fleischbrühe

Salz, Pfeffer, Pimentkörner (2–3 Stück)

2 Lorbeerblätter

2 EL Öl

0,5 Ltr. saure Sahne oder Joghurt

Das Fleisch und die Wurst in Streifen schneiden – gleichmäßig und nicht zu groß. Das Öl in einer Pfanne erhitzen und das Fleisch sowie die Wurst darin braten. Wenn alles schön Farbe und damit Brataroma angenommen hat, etwa ein Drittel der Menge des Fleisches und der Wurst zu den kleingeschnittenen Zwiebeln, Gewürzgurken und dem Paprika geben. Das Ganze kurz anbraten lassen, dann etwa 3–4 EL Tomatenketchup, Fleischbrühe und ein wenig von dem Gurkenwasser hinzufügen (die Soljanka soll aber kein dünner, sondern ein kräftiger Eintopf werden). Den Rest des Fleisches und der Wurst beimengen, dann die Gewürze. Alles circa 20 Minuten köcheln lassen, danach abschmecken und eventuell noch nachwürzen. Die Soljanka in Suppentassen füllen, jeweils einen Klecks saure Sahne oder einen Löffel Joghurt obendrauf setzen und mit Weißbrot oder Brötchen servieren.

Sächsische Soljanka

300 g Wurst (Jagdwurst, Lyoner, Kochsalami)
300 g Kamm in feine Streifen geschnitten
3 Zwiebeln
4–5 EL Ketchup
1 Ltr. Fleischbrühe
3 EL Öl
1 kleines Glas Gewürzgurken
1 kleines Glas rote Paprika
3 EL Zitronensaft
1 TL Zucker
1 TL Paprikapulver
Pfeffer und Salz nach Geschmack
5–6 Zitronenschreiben
Saure Sahne oder Joghurt

1 Die Wurst in schmale Streifen schneiden. Zwiebeln klein würfeln. Das Öl in einer großen Pfanne erhitzen und die Zwiebeln, die Wurst und das Fleisch gut anbraten. Alles sollte Brataroma entwickeln.

2 Den Ketchup unterrühren und mit Fleischbrühe und etwas Gurkenwasser aus dem Glas ablöschen. Nun die kleingeschnittenen Gurkenwürfel und Paprikastreifen zugeben. Alles köcheln lassen, bis das Fleisch bissfest ist. Mit Zitronensaft, Paprikapulver, Salz, Pfeffer und Zucker abschmecken.

3 Die heiße Soljanka in Suppentassen füllen und mit jeweils 1 Zitronenscheibe und 1 EL saurer Sahne oder Joghurt garnieren. Beim Servieren Baguette oder einfach nur Mischbrot dazu reichen.

Spreewälder Gurkensuppe

3 Gurken
80 g Butter
1 Tasse Gemüsebrühe
2 EL Essig
1 Prise Zucker
Salz und Pfeffer

1 Die Gurken schälen und jede längs in vier Teile schneiden. Mit einem Löffel die Kerne entfernen und nochmals durchschneiden. Die Gurkenstücke mit etwas Salz bestreuen und circa 2 Stunden stehen lassen.

2 80 g Butter in einem Topf goldgelb zerlassen, dazu 1 Tasse Gemüsebrühe, 2 EL Essig und 1 Prise Zucker geben. Die Gurkenstücke hinzufügen und weich schmoren.

3 Mit einem Mixstab zu einer feinen Suppe pürieren und mit Salz und Pfeffer würzen.
Ein kleiner Schuss süße Sahne zum Schluss rundet die Suppe ab.

Tomatensuppe

700 g reife Tomaten
1 Knoblauchzehe
2 Schalotten
1 Thymianzweig
10 Basilikumblättchen
2–3 EL Öl
1 TL Tomatenmark
700 ml Geflügelfond
4 EL geschlagene Sahne
Salz und Pfeffer
1 Prise Zucker

1 Die Tomaten waschen, putzen und grob würfeln. Die Schalotten und den Knoblauch schälen, fein würfeln und mit dem Öl glasig andünsten. Thymian und Basilikum kurz mitdünsten. Das Tomatenmark kurz mitrösten.

2 Die Tomaten und den Geflügelfond in den Topf geben und alles offen circa 10–15 Minuten köcheln lassen. Danach durch ein feines Sieb passieren. Dann die Suppe erneut aufkochen lassen, mit dem Pürierstab aufmixen, mit Salz und Pfeffer und 1 Prise Zucker abschmecken.

3 Vor dem Servieren vorsichtig die Sahne in die Suppe einrühren, so dass sie leicht marmoriert aussieht, oder einfach einen Klecks Sahne in die Mitte der Suppe geben.

Hagebuttensuppe

350 g Hagebutten
1 Ltr. Wasser
30 g Stärkemehl
75 g Zucker
70 g süße Sahne

1 Das schwarze Köpfchen und den Stiel der Hagebutten abschneiden. Die Früchte waschen, halbieren und mit ¾ Ltr. Wasser ansetzen. Weich kochen, durch ein Haarsieb streichen und nochmals aufkochen lassen. Den Zucker dazugeben und mit dem angerührten Stärkemehl leicht binden.

2 Beim Servieren einen kleinen Schuss süße Sahne in die Mitte des Tellers geben.

Übrigens Hagebutten sind sehr vitaminreich; sie haben mehr Vitamin C als zum Beispiel Zitronen oder Orangen.

Erbsensuppe

Variante 1

400 g getrocknete Erbsen
2 Stangen Porree
1 Bund Staudensellerie
500 g Knollensellerie
400 g Kartoffeln
1 geräucherte Wurst
Salz und Pfeffer

Die Erbsen über Nacht in 1 Ltr. kalten Wasser einweichen.
Am nächsten Tag mit dem Einweichwasser und 1 Ltr. frischen Wasser in einen Topf geben. Circa 1 ½ Stunden weich kochen. Porree, Staudensellerie, Knollensellerie und Kartoffeln putzen bzw. schälen und in 1 cm große Rauten schneiden. Wenn die Erbsen gar sind, das Gemüse und die Rauchwurst dazugeben und weitere 20 Minuten leise kochen lassen. Mit Salz und Pfeffer abschmecken. Die Wurst aus der Suppe nehmen, in Scheiben schneiden und wieder in den Topf geben. Als Beilage passt mit Schinkenspeck belegtes Brot.

Variante 2

600 g Erbsen (frisch oder tiefgekühlt)
100 g Schalotten fein gewürfelt
100 g Butterschmalz
200 ml Weißwein
600 ml Gemüsefond
100 ml Schlagsahne
1 TL Limettenschale
1 TL Thymian fein gehackt
Salz und Pfeffer

Die Erbsen mit den Schalottenwürfeln im heißen Butterschmalz anschwitzen und mit Weißwein ablöschen. Kurz aufkochen, mit dem Gemüsefond und 50 ml Sahne auffüllen. Die Limettenschale dazugeben und circa 30 Minuten leise kochen lassen. Die Suppe so mit dem Schneidstab pürieren, dass noch ganze Erbsen als Einlage zurückbleiben. Die restliche Sahne steifschlagen und kurz vor dem Servieren unterheben. Mit Thymian, Salz und Pfeffer würzen.

Möhrentopf

300 g Kochfleisch
2 ½ Ltr. Wasser
1 Zwiebel
600 g Möhren
600 g Kartoffeln
Salz und Pfeffer
6 Gewürzkörner
gehackte Petersilie

1 Das klein gewürfelte, geschnittene Fleisch mit ¾ Ltr. Wasser, Zwiebelstücken, Salz und Gewürzkörnern ansetzen.

2 Nach etwa 45 Minuten Kochzeit die in Würfel geschnittenen Kartoffeln und Möhren dazugeben sowie das restliche kochende Wasser. Zugedeckt auf kleiner Flamme gar werden lassen.

3 Vor dem Servieren mit reichlich gehackter Petersilie bestreuen. Wer möchte, kann noch etwas zerlassene Butter darüber geben.

Thüringer Bohneneintopf

200 g durchwachsener Speck
3 Hähnchenbrüste
2 Zwiebeln
2 Möhren
1–2 Stangen Lauch
1 Stange Sellerie
400 g frische grüne Bohnen
2 Tassen Weißwein
1 Ltr. Fleischbrühe
1 TL Bohnenkraut
1 Bund Petersilie
1 Messerspitze Muskat
Salz und Pfeffer
1 Prise Zucker

Den Speck würfeln und braten. Die Hähnchenbrüste in Würfel schneiden, zum Speck geben und kurz anschwitzen. In der Zwischenzeit das Gemüse putzen, waschen und schneiden. Das Gemüse zu den Hähnchenbrüsten geben und 5 Minuten nachschwitzen. Mit Weißwein ablöschen und mit Fleischbrühe auffüllen. Mit Bohnenkraut, Muskat, Salz, Pfeffer und Zucker würzen. Bei mittlerer Temperatur circa 35 Minuten zugedeckt köcheln lassen.
Vor dem Servieren mit frisch gehackter Petersilie bestreuen.

Übrigens Beim Kauf grüner Bohnen sollte man darauf achten, dass sie sich immer straff und knackig anfühlen. Sie dürfen keine braunen Flecke oder faule Streifen haben. Bohnen sollte man nicht länger als zwei Tage im Gemüsefach des Kühlschranks lagern. Sehen sie aber dennoch welk aus, dann vor dem Gebrauch 15 Minuten ins kalte Wasser legen, so erholen sie sich wieder. Je frischer die Bohne, desto kürzer die Garzeit. In rohem Zustand sollten die Bohnen nicht gegessen werden, weil die Hülsen und insbesondere die Kerne eine Stickstoffverbindung enthalten, die in größeren Mengen giftig ist. Beim Garen wird diese jedoch zerstört.

Linsensuppe

150 g Linsen
1 Ltr. Gemüsebrühe
4 EL Zitronensaft
150 g roher Schinken
150 g Schinkenspeck
1 Zwiebel
3 Möhren
3 Kartoffeln
gemischte Küchenkräuter
3 EL Crème fraîche
Mehl zum Binden
Zucker und etwas Essig nach Geschmack
Salz und Pfeffer

1 Die Linsen mit der Gemüsebrühe und dem Zitronensaft aufkochen lassen, den rohen Schinken dazugeben und bei schwacher Hitze circa 50–60 Minuten weich garen.

2 Die Kartoffeln und die Möhren waschen, die Zwiebel schälen, alles kleinschneiden und nach der Hälfte der Garzeit zu den Linsen geben.

3 Den Schinkenspeck mit etwas Butter auslassen, die gemischten Kräuter waschen und kleinschneiden.

4 Die Speckmischung, Crème fraîche und Kräuter in die fertige Suppe geben. Wenn nötig, die Suppe mit einer Buttermehlschwitze andicken. Mit Salz, Pfeffer und Essig würzen. Wer die Suppe lieber süßsauer möchte, kann noch etwas Zucker zufügen.

Zwiebelsuppe

1 kg Zwiebeln
60 g Butter
1 Ltr. Gemüsebrühe
¼ Ltr. trockener Weißwein
1 Prise Muskat
1 TL Thymianblättchen
1 Prise Kümmelpulver
4 Scheiben Baguette
2 Knoblauchzehen
Salz und Pfeffer
50 g geriebener Käse

1 Zwiebeln abziehen, in Ringe schneiden, Butter in einem Topf erhitzen und Zwiebeln darin glasig dünsten. Brühe und Wein dazugeben. Mit Muskat, Thymian und Kümmel würzen und 25–30 Minuten bei schwacher Hitze kochen lassen.

2 Knoblauch abziehen und halbieren. Baguettescheiben toasten und mit den Schnittflächen der halbierten Knoblauchzehen einreiben. Dann den Knoblauch durch die Presse drücken und zur Suppe dazugeben.

3 Die Suppe salzen, pfeffern und in eine ofenfeste Form füllen. Backofengrill vorheizen. Die gerösteten Knoblauchbrote auf der Suppe verteilen. Den geriebenen Käse über die Brote streuen.

4 Die Suppe 5 Minuten unter dem Grill rösten, bis der Käse geschmolzen ist.

Brotsuppe

Variante 1

200 g Vollkornbrot
1 große Zwiebel
2 Frühlingszwiebeln mit dem Grün und dem Lauch
30 g Schweineschmalz
1 ¼ Ltr. Fleischbrühe
½ TL Majoran
3 EL Sahne
1 Eigelb
1 EL gehackte Petersilie

Das Brot kleinschneiden und einweichen. Die klein gewürfelte Zwiebel und das geputzte, zerkleinerte Suppengrün mit Schmalz anbraten. Das gut ausgedrückte Brot zufügen, alles etwa 1 Minute verrühren, dann die heiße Brühe zugießen. Die Suppe circa 30 Minuten köcheln lassen und durch ein Sieb passieren. Majoran zufügen, nochmals alles aufkochen lassen und anschließend vom Herd nehmen. Das mit der Sahne verquirlte Eigelb unterrühren und die Suppe mit Petersilie bestreuen.

Variante 2

100 g Mischbrot
200 g Äpfel
50 g Zucker
1 Prise Salz
30 g Butter
1 EL geriebene Mandeln
1 EL Rosinen

Das Brot in Würfel schneiden und mit den gewaschenen, geviertelten Äpfeln in 1 Ltr. Wasser weich kochen und anschließend durch ein Sieb drücken. Die Suppe mit Zucker und Salz abschmecken. Zuletzt die Butter, Mandeln und Rosinen darunterrühren.

Vorspeisen und kleine Gerichte

Würzfleisch

500 g Schnitzel vom Schwein (mager)
1 Ltr. Brühe gekörnt
1 frische Zwiebel
1 Lorbeerblatt
2 EL Butter
4 EL Mehl
100 ml Weißwein
2 EL Zitronensaft
200 g geriebener Käse
Salz und Pfeffer
Piment
Worcestersauce
4 Scheiben helles Weizentoastbrot
1 Zitrone

1 Das Fleisch in der Brühe mit Zwiebel, Lorbeerblatt, Piment, Salz und Pfeffer kochen. Wenn das Fleisch gar ist, aus der Brühe nehmen, es abkühlen lassen und in kleine Würfel schneiden.

2 Aus der Brühe eine helle, dickliche Sauce wie folgt herstellen: Butter in Pfanne erhitzen, Mehl einstreuen, gut miteinander vermengen. Masse der Brühe unterrühren und Worcestersauce, den Zitronensaft, Weißwein sowie Salz und Pfeffer hinzufügen. Nun das Fleisch in die Sauce geben.

3 Das Würzfleisch in kleine feuerfeste Förmchen füllen, mit Käse bestreuen. In der Röhre bei Oberhitze überbacken, bis der Käse geschmolzen und goldgelb ist.

4 Mit Zitronenscheibe und Toastbrot servieren, dazu Worcestersauce reichen.

Karlsbader Schnitte

Variante 1

12 Scheiben rundes Toastbrot
150 g Käse (Butterkäse oder Gouda)
12 kleine Salbeiblätter
12 Scheiben Rohschinken
25 g Butter
Pfeffer

Die Brotscheiben beidseitig mit wenig Butter bestreichen. Auf jedes Brot eine Scheibe Schinken, ein Salbeiblatt und obendrauf eine Scheibe Käse legen. Im Backofen bei 180 °C überbacken; Backzeit etwa 10 Minuten. Der Käse sollte keine Farbe annehmen. Zum Schluss mit etwas Pfeffer bestreuen.

Variante 2

4 Scheiben Toastbrot
4 Scheiben Kochschinken
4 Scheiben Ananas oder Tomaten
4 Scheiben Käse
etwas Butter
Worcestersauce

Die Toastscheiben mit etwas Butter bestreichen. Auf jede Scheibe eine Scheibe Kochschinken legen. Ananas oder Tomaten in Scheiben schneiden und jeweils eine Scheibe (bei kleineren Tomaten 2 bis 4 Scheiben) auf den Kochschinken geben. Darauf als Abschluss die Käsescheiben legen. Die belegten Toasts bei 160 °C etwa 10 Minuten im Ofen überbacken lassen.
Gleich im Anschluss heiß servieren und Worcestersauce dazu reichen.

Strammer Max

20 g Butter
1 große Scheibe Mischbrot oder Vollkornbrot
50 g roher Schinken (oder Schinkenwürfel)
1 oder 2 Eier
etwas Salz

In der Hälfte der Butter das Brot anrösten. Das Ei in der restlichen Butter als Spiegelei braten. Den in Würfel geschnittenen Schinken auf der Brotscheibe verteilen und mit dem leicht gesalzenen Spiegelei bedecken.
Beim Servieren kleine saure Gurken dazu reichen.

Übrigens Der »Stramme Max« erfreute sich nicht nur in ostdeutschen Gaststätten großer Beliebtheit, sondern galt vor allem auch bei den in der Landwirtschaft arbeitenden Männern als kräftigendes, herzhaftes Frühstück.

Worcester
Sauce
Dresdner Art

Brokkoli-Mett-Pfännchen

800 g Brokkoli
350 g Gehacktes
1 Zwiebel
1 Dose Tomatenstücken mit Kräutern
120 g Schlagsahne
300 g Mozzarella
3 EL Öl
Salz und Pfeffer

1 Brokkoli putzen, waschen und in kleine Röschen teilen. Das Gemüse in wenig kochendem Wasser mit etwas Salz zugedeckt circa 5 Minuten dünsten. Die Zwiebel schälen, hacken und im heißen Öl glasig dünsten. Das Hackfleisch zugeben und krümelig anbraten. Die Tomatenstückchen und die Sahne zugießen. Mit Salz und Pfeffer würzen.

2 Den Mozzarella abtropfen lassen und in Scheiben schneiden. Den Brokkoli und die Sauce in vier kleine oder eine etwas größere Auflaufform geben. Mit dem Mozzarella belegen und im heißen Backofen bei circa 200 °C oder unter dem Grill 7 Minuten goldbraun überbacken.

Eier im Töpfchen

4 frische Eier
20 g Butter
4 EL Rahm
Salz und Pfeffer
2 EL fein gehackte Kräuter (Schnittlauch, Estragon, Kerbel)

1 Vier kleine Eierkocher aus Jenaer Glas oder feuerfeste Förmchen gut ausbuttern. Die Eier sorgfältig aufschlagen und in die Förmchen geben. Mit Salz, Pfeffer und der Hälfte der Kräuter bestreuen. Den Rahm darüber verteilen.

2 Die Förmchen in ein Wasserbad stellen und im Backofen bei 150 °C etwa 10 Minuten ziehen lassen. Mit den restlichen Kräutern und je nach Geschmack mit Petersilie, geriebenem Käse oder gehacktem Schinken bestreuen.

Übrigens Eier im Töpfchen sind sehr gut zum Frühstück oder als kleine Mahlzeit für zwischendurch geeignet.

Thüringer Zwiebelkuchen

Für den Hefeteig

⅛ Ltr. Milch
25 g Hefe
1 gestrichener TL Zucker
100 g Butter
300 g Mehl
1 TL Salz

Für den Belag

1 ½ kg Zwiebeln
100 g Schinkenspeckwürfel
200 g saure Sahne (mit 20 % Fett)
3 große Eier
1 EL Kümmel

1 Milch in einem kleinen Topf lauwarm erwärmen. Hefe in einem Kaffeebecher zerbröseln, Zucker zugeben und den Becher bis zur Hälfte mit Milch aufgießen. Den Vorteig gut verrühren und etwa 20 Minuten stehen lassen, bis der Becherrand erreicht ist.

2 Butter in der restlichen Milch zerlassen. Mehl in eine Schüssel sieben, Salz und Vorteig zugeben und alles mit dem Knethaken des Mixers verrühren. Dabei langsam die Butter-Milch-Mischung zugeben. Den Teig so lange kneten, bis er sich vom Schüsselrand löst und Blasen wirft, dann mit einem Tuch abdecken und etwa 1 Stunde an einem warmen Ort stehen lassen.

3 In der Zwischenzeit Zwiebeln schälen und grob hacken. Hälfte der Speckwürfel in einer großen Pfanne ausbraten, Hälfte der Zwiebeln zugeben und glasig dünsten lassen. Die zweite Portion Speck und Zwiebeln genauso zubereiten und anschließend abkühlen lassen.

4 Saure Sahne in einer großen Schüssel mit den Eiern verquirlen, Kümmel und Salz zufügen und die abgekühlten Speckzwiebeln daruntermischen. Backofen auf 175 °C vorheizen. Backblech einfetten. Hefeteig nochmals gut durchkneten und von Hand etwa zwanzigmal auf die Arbeitsplatte schlagen. Den Teig auf einer bemehlten Arbeitsplatte ausrollen, auf das Backblech legen und den Rand gut andrücken. Die Zwiebelmasse auf dem Teig verteilen und den Kuchen 20 Minuten gehen lassen. Danach den Kuchen auf der mittleren Schiene 40 Minuten backen.

Kartoffel- und Eierspeisen

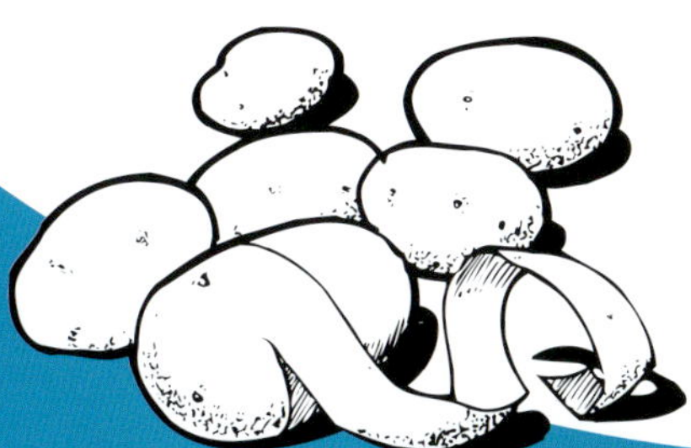

Stampfkartoffeln mit verlorenen Eiern und Specksauce

800 g mehlige Kartoffeln
100 g fetter Speck
3 EL Öl
3 EL Mehl
2 Lorbeerblätter
Kräuteressig
1 EL Zucker
½ Ltr. Milch
8–10 frische Eier
Salz, Pfeffer und Muskat

1 Die Kartoffeln schälen, waschen, vierteln und in Salzwasser 25 Minuten garen.

2 Den Speck klein würfeln und im heißen Öl ausbraten. Das Mehl einrühren und goldbraun anrösten.
Unter Rühren so viel kochendes Wasser dazugießen, dass eine sämige Sauce entsteht. Lorbeerblätter ein paar Minuten mitköcheln lassen. Die Sauce mit 2–3 EL Essig, Zucker, etwas Salz und Pfeffer pikant abschmecken.

3 Reichlich 1 Ltr. Wasser mit 4 EL Essig aufkochen. Achtung: Kein Salz dazugeben, das Eiweiß zerfasert sonst.
Die Eier einzeln in einer Tasse aufschlagen und nacheinander vorsichtig in das siedende Wasser gleiten lassen. Dabei immer das Eiweiß mit einem Löffel um das Eigelb hüllen, bis es fest wird. Circa 5 Minuten im Wasser ziehen lassen.

4 Die gegarten Kartoffeln abgießen und gut ausdämpfen lassen. Mit einem Kartoffelstampfer grob zerstampfen, die Milch einrühren und mit Muskat abschmecken. Kleine Kartoffelstücke dürfen dabei sein. Mit der Schaumkelle die Eier herausholen und mit der Sauce und den Stampfkartoffeln servieren. Gut geeignet für ein einfaches, schnelles und preiswertes Mittagessen.

Omas Ofentopf

500 g geriebene Kartoffeln
2–3 Eier
1 geriebene Zwiebel
¼ Ltr. Milch
1 kleine Mettwurst oder Bratwurst
etwas Butter
geriebener Käse

1 Mettwurst oder Bratwurst in kleine Würfel schneiden.

2 Milch, Eier, geriebene, etwas ausgedrückte Kartoffeln dazugeben. Alles gut verrühren.

3 Die kleingeschnittene Mettwurst oder Bratwurst unterrühren, salzen und pfeffern.

4 Eine Kasserolle mit Butter ausstreichen. Die Kartoffelmasse hineingeben, mit geriebenem Käse bestreuen.

5 Im vorgeheizten Ofen bei 180 °C circa 20–30 Minuten ausbacken.

6 Dazu einen Rucolasalat oder im Frühjahr einen frischen Löwenzahnsalat reichen.

Stampfkartoffeln mit Zwiebel-Speck-Geröst und Buttermilch

500 g Kartoffeln
300 g Schinkenspeck
5 Zwiebeln
60 g Butter
1 Becher Buttermilch
Salz und Pfeffer

1 Kartoffeln waschen, schälen und in Salzwasser weich kochen. Die Kartoffeln abseihen und ohne jegliche Zutaten stampfen. Zwiebeln schälen, in Würfel schneiden, den Schinkenspeck ebenfalls in Würfel schneiden. Butter in eine Pfanne geben, zerlaufen lassen, den Schinkenspeck und die Zwiebelwürfel zufügen und alles goldgelb rösten. Zum Schluss mit Salz und Pfeffer abschmecken.

2 Die gestampften Kartoffeln in die Mitte des Tellers geben, eine kleine Mulde in die Mitte drücken und etwas Buttermilch hineingießen. Um den Kartoffelstampf herum das Zwiebel-Speck-Geröst als Kranz auftun.

Eier in Senfsauce

8–10 Eier
6 EL Butter
2 Zwiebeln
3 EL Mehl
250 g Gemüsebrühe
200 ml Sahne
3 EL Senf
Salz und Pfeffer
gehackte Petersilie

Die Eier hartkochen. Die Zwiebeln schälen und kleinhacken. Butter in einem Topf erhitzen, die Zwiebeln darin glasig andünsten, das Mehl einrühren und anschwitzen. Mit Brühe und Sahne auffüllen. Alles kochen lassen und unter Rühren zu einer Sauce andicken. Den Senf in die Sauce rühren und alles mit Salz und Pfeffer abschmecken. Die Eier schälen und halbieren, in die Sauce geben und einige Minuten ziehen lassen. Die Eier in der Senfsauce mit Petersilie bestreuen. Dazu Salzkartoffeln reichen. Die süße Sahne verfeinert die Sauce.

Übrigens Dieses Gericht gab es in der DDR oft in den Kantinen, es war sehr beliebt.

Frittierte Eier

10 Eier
1 EL Butter
100 g Mehl
Öl zum Frittieren
¼ Ltr. Milch
Salz
3 EL geriebener Käse (Emmentaler)
1 Messerspitze geriebene Muskatnuss
Salatblätter und Löwenzahn zum Garnieren

1 8 Eier 10 Minuten kochen, abschrecken und Pellen.
Milch, Butter und 1 Prise Salz in einen Topf geben und zum Kochen bringen. Das Mehl hineingeben und bei kleiner Hitze so lange rühren, bis sich der Teig vom Topfboden löst. Die beiden restlichen Eier, den Käse und den Muskat unterrühren.

2 In diesem Teig die hartgekochten Eier wenden, das Öl erhitzen und die Eier schwimmend 8 Minuten darin ausbacken.

3 Zum Servieren die Salatblätter waschen, trockentupfen und auf eine Platte legen. Die Eier halbieren und in Form einer Blüte darauf anrichten. Eventuell mit Löwenzahnblüten garnieren. Gut geeignet für eine Party.

Gabe der Liebe.
Mehl

Kartoffelpuffer

Variante 1

2 kg Kartoffeln
2 Zwiebeln
1–2 TL Salz
3 Eier
2–3 EL Mehl
Fett zum Ausbacken (Schmalz oder Pflanzenfett)

Kartoffeln und Zwiebeln schälen und reiben, aber bitte nicht zu fein – kurze, dünne Minispäne sind ideal. Mit Salz, Eiern und Mehl zu einem glatten Teig verrühren. Reichlich Fett in der Pfanne erhitzen und mit einem kleinen Schöpflöffel Teigkleckse hineinsetzen, auseinanderdrücken und auf beiden Seiten braten, bis sie knusprige Ränder haben. Es ist Geschmackssache, ob die Kartoffelpuffer dick und saftig oder dünn und ganz kross sein sollten. Wenn der Rand kross und die Mitte saftig ist, ist ein ideales Mittelmaß gefunden. In jedem Fall heiß und frisch aus der Pfanne servieren. Wohlschmeckend dazu ist Apfelmus oder auch Blaubeerkompott. Wer es lieber herzhaft mag, bereitet »Bambes mit Schwammebrie« (Kartoffelpuffer mit Pilzsauce), die vogtländische Variante:

Variante 2

für die Bambes wie oben angegeben
für die Schwammebrie:
800 g Mischpilze
(frisch oder 2 Gläser, 500 g Abtropfgewicht)
1 Zwiebel
½ TL Kümmel (ganz oder gemahlen)
100 g Speck zum Fetten für die Schwitze
3 EL Mehl für die Schwitze
Salz
Essig
etwas Zucker

Als Erstes die Sauce zubereiten. Wenn sie einige Stunden vorher bereitet und dann erwärmt wird, zieht sie schön durch und schmeckt am besten. Frische Pilze säubern und nicht waschen; Trockenpilze über Nacht einweichen. Die Pilze, egal ob aus dem Glas, getrocknet oder frisch, zerkleinern (nicht pürieren). In einen Topf geben und mit Wasser bedecken. Keine Brühe verwenden! Salz, Kümmel und die kleingeschnittene Zwiebel zufügen. Frische oder getrocknete Pilze 30 Minuten, Pilze aus dem Glas 10 Minuten kochen lassen. Speckschwitze und Pilze sollten zusammen fertig sein, da die heiße Schwitze in die leicht siedende Sauce muss. Für die Schwitze Speck würfeln und auslassen, das Mehl zufügen, die Schwitze langsam in die Sauce geben, bis eine dickflüssige Bindung entsteht. Mit Salz, Essig und wenig Zucker abschmecken. Bambes wie angegeben zubereiten, die Sauce über die Bambes geben und sofort servieren.

Röhrendetscher

1 kg gekochte, mehlige Kartoffeln
2 Eier
etwas Salz
so viel Mehl, wie die Kartoffeln annehmen

1 Kartoffeln durch die Presse drücken und in eine Schüssel geben. Ein Viertel der Kartoffelmenge herausheben. Die Ecke mit Mehl ausfüllen, das Viertel wieder hinzugeben. Alles mit den Eiern und etwas Salz zu Teig verarbeiten, der nicht kleben darf.

2 Auf einem bemehlten Kuchendeckel Teig ausrollen und kleine Vierecke schneiden. Auf der Herdplatte auf beiden Seiten goldbraun backen. Mit zerlassener Butter bestreichen, mit Zucker bestreuen, aufrollen und in eine Schüssel geben.

3 Die Schüssel wird in die Tischmitte gestellt, alle können zulangen, denn die Röhrendetscher werden traditionellerweise mit der Hand gegessen. Dazu kann es Kaffee geben. Früher wurde Malzkaffee gereicht.

Übrigens Ein altes Thüringer Rezept, das noch in vielen Haushalten verbreitet ist.

Pellkartoffeln mit Kräuterquark und Butter

500 g Kartoffeln (mehlig kochende)
250 g Quark
4–5 EL Milch
1 TL Salz und Pfeffer
etwas Kümmel
1 Bund Schnittlauch
1 Bund Petersilie
1 Zwiebel
etwas Butter

1 Die Pellkartoffeln (am besten eignen sich mehlig kochende Kartoffeln) gut waschen und in Salzwasser mit etwas Kümmel gar kochen; der Kümmel gibt der Kartoffel einen besonderen Geschmack.

2 250 g Quark werden mit 4–5 EL Milch, 1 TL Salz und Pfeffer zu einer cremigen Masse verrührt. Danach fein gehackten Schnittlauch und Petersilie dazugeben.

3 Beim Anrichten den Quark mit kleingeschnittenen Zwiebeln und einem kleinen Stückchen Butter ergänzen – und schon ist ein köstliches, gesundes Gericht auf dem Tisch.

Eier im Spinatnest

4–5 Eier
2 kg frischer Spinat (es ist auch Tiefkühlspinat möglich)
60 g Butter
150 g Schinkenspeck
1–2 EL Sahne
Salz und Pfeffer

1 Den frischen Spinat gut waschen und in Salzwasser kochen, bis er zusammenfällt. Das heiße Wasser abschütten und den Spinat mit eiskaltem Wasser übergießen, damit er seine schöne grüne Farbe behält. Jetzt aus dem Eiswasser nehmen und kleinschneiden.

2 In einem Topf Butter zerlaufen lassen, Schinkenspeck in Würfel schneiden und kurz anbraten. Den Spinat zugeben, dabei immer umrühren und leicht dünsten lassen.

3 Kurz vor der Garzeit 1 Ei dazugeben und alles kräftig rühren, damit es sich zu einer cremigen Masse verbindet. Am Schluss einen Schuss Sahne dazugeben, salzen und pfeffern. Nochmals kurz aufkochen lassen und vom Herd nehmen.

4 Eine Kasserolle mit Butter ausstreichen, den Spinat einfüllen. Nun 3–4 Eier aufschlagen und diese in Abständen auf den Spinat geben, aber nicht mehr rühren. Jetzt die Kasserolle in den Backofen stellen und bei 180 °C circa 10–15 Minuten backen. Die Eier sollten danach aussehen wie fertig gebratene Spiegeleier – es wirkt dann so, als würden die Eier in einem grünen Nest liegen.

5 Dazu heiße Salzkartoffeln reichen.

Warme und kalte Fischgerichte

Gebratene Forelle

frische Forellen
(Menge je nach Personenzahl)
mehrere Bund Petersilie
Mehl
Salz und Pfeffer
Fett zum Braten
1–2 Zitronen
Butter

1 Die frischen Forellen waschen, die Innereien ausnehmen und die Fische gut abtrocknen. Anschließend die Fische salzen und pfeffern, mit Mehl panieren und den Bauch mit viel Petersilie füllen. Fett in der Pfanne erhitzen und die Forellen auf jeder Seite 5–10 Minuten oder unter mehrmaligem Wenden goldbraun braten.

2 Nach dem Braten gibt es Zitronenscheiben, zerlassene Butter und Petersilie zur Garnierung. Dazu schmecken Petersilienkartoffeln und ein gemischter Salat.

Bratheringe

Variante 1

8 grüne Heringe
¼ Ltr. Weinessig
¼ Ltr. Fleischbrühe
15 Pimentkörner
2–3 Lorbeerblätter
1–2 TL Senfkörner
Fett zum Ausbraten
60 g Mehl
2 Zwiebeln
Salz und Pfeffer

Die ohne Kopf und Eingeweide gründlich gewaschenen Heringe abtrocknen. Außen und innen mit Salz und Pfeffer einreiben. In Mehl wenden, in erhitztes Öl legen und von beiden Seiten gut braun braten.
Weinessig, Fleischbrühe, Lorbeerblätter, Piment- und Senfkörner zusammen aufkochen. Zwiebeln schälen und in Scheiben schneiden. Die gebratenen Heringe mit den Zwiebelringen in ein Glas schichten und mit dem heißen Fond übergießen.
2–3 Tage ziehen lassen und dann zu Pellkartoffeln servieren.

Variante 2

6 Heringe
2–3 Eier
Senf
Salz und Pfeffer
1 Zwiebel
Küchenkräuter (Petersilie, Dill, Schnittlauch)
Mehl
Semmelbrösel
Öl
Tomaten
Zitronensaft

Die Heringe von Kopf und Innereien befreien und gründlich waschen. Mit Zitronensaft beträufeln, salzen und pfeffern. Die Fische der Länge nach halbieren und die Heringshälften mit Senf bestreichen. Die Zwiebel schälen, in feine Würfel schneiden. Die Küchenkräuter waschen, trockentupfen, feinschneiden und mischen. Die Heringshälften panieren, dabei die Kräuter etwas andrücken. Danach in Mehl und in verquirltem Ei wenden und zuletzt in Semmelbrösel. Öl in einer Pfanne erhitzen und die Heringe von beiden Seiten etwa 5 Minuten knusprig braten. Auf vorgewärmten Tellern anrichten. Mit Tomatenscheiben und Petersilie garnieren. Als Beilage Kartoffelbrei und grüne Bohnen reichen.

Karpfen blau

1 Karpfen (circa 1,5–2 kg)
2–3 Möhren
½ Stängel Porree
¼ Ltr. Essigwasser
15 Pfefferkörner
2 Lorbeerblätter
60 g Sellerie
1 Petersilienwurzel
2 Zwiebeln
250 g Butter
1–2 Glas Malzbier
1–2 EL Meerrettich
1 kleiner Saucenkuchen
1 EL Mehl zum Binden

Damit die äußere Schleimschicht des Fisches nicht verletzt wird, bereitet man ihn auf einem nassen Brett zu. Den ausgenommenen, gut gesäuberten Fisch mit heißem Essigwasser übergießen. Danach das Essigwasser wieder abgießen, damit der Karpfen nicht zu sauer wird. Den Fisch dann für 10 Minuten kaltstellen, so bekommt er seine blaue Farbe.

Den Fisch innen mit Salz und Pfeffer ausreiben. Das Wurzelwerk waschen, putzen und in kleine Würfel schneiden, mit ½ Ltr. Wasser und den Gewürzen in einer Pfanne 10 Minuten kochen. Den Karpfen in Stücke schneiden, in einer großen Pfanne Butter erhitzen und die Karpfenstücke kurz und leicht dünsten. Das gekochte Gemüse zu dem Karpfen geben und den Fisch im Backofen zugedeckt 20 Minuten leise köcheln lassen, bei höchstens 150 °C. Den Karpfen aus der Pfanne nehmen, ihn auf eine Servierplatte legen, reichlich zerlassene Butter über die Fischstücke geben und sie im Backofen nochmals 15 Minuten backen lassen, die Haut sollte schön knusprig sein.

In der Zwischenzeit den Saucenkuchen in etwas Wasser zum Einweichen legen. Die Hälfte der Gemüsesauce mit dem aufgeweichten Saucenkuchen durch ein Sieb streichen, alles nochmals aufs Feuer stellen, es kurz aufkochen lassen und noch 1–2 kleine Gläser Malzbier hinzugeben – kurz aufwallen lassen.

In einer kleinen Pfanne circa 150 g Butter schön braun werden lassen und sie zum Karpfen stellen, so dass man sich auf jedes Stück Karpfen noch etwas Butter geben kann. Das restliche Gemüse neben die Karpfenstücke legen und mit einigen Sträußchen Petersilie garnieren. Man kann zu dem Karpfen auch Sahnemeerrettich auftragen.

Übrigens Es ist eine sehr kalorienreiche Mahlzeit, aber dafür ein wahrer Gaumenschmaus.

Ölheringe

Salzheringe
Pfefferkörner
Zwiebeln
Lorbeerblätter
Nelken
Piment
Wacholderbeeren
Zitronenschale
Petersilie
Dill

1 Die Salzheringe wässern, putzen und filetieren (oder eine Packung Heringsfilets kaufen).

2 Die Filets in eine Schüssel schichten und die Gewürze darüberstreuen. Hier eignen sich besonders die oben erwähnten: Pfefferkörner, Zwiebelringe, Lorbeerblätter, Nelken, Piment, Wacholderbeeren und etwas Zitronenschale.

3 Mindestens einige Stunden, besser einen Tag lang ziehen lassen. Danach das Ganze mit Petersilie und Dill garnieren und mit dunklem Brot, Körnerbrötchen oder Pellkartoffeln servieren.

Marinierte Heringe.

Matjes »Hausfrauenart«

5 Doppelmatjesfilets
400 g saure Sahne
4 EL Mayonnaise
¼ Ltr. Milch
4 EL Apfelessig
1 TL Zucker
2 Äpfel
3–4 kleine Gewürzgurken
etwas Gurkenwasser
Pfeffer
je 8 Piment-, Pfeffer- und Wacholderkörner
3–4 Lorbeerblätter
3 Zwiebeln

1 Die Sahne, Mayonnaise und Milch in einer Schüssel verrühren. Mit Essig, Zucker und Pfeffer kräftig würzen.

2 Äpfel und Zwiebeln schälen und zusammen mit den Gurken in feine Scheiben schneiden. Die Scheiben unter die Marinade mischen und mit etwas Gurkenwasser abschmecken.

3 Die Matjes quer in Streifen schneiden und mit den Gewürzkörnern vermischen.

4 Alles an einem kühlen Ort 2 Tage durchziehen lassen. Danach die Marinade und die Matjes vermischen und am besten mit Pellkartoffeln servieren.

Übrigens Als Matjes werden die Heringe vor der Geschlechtsreife bezeichnet, bei denen sich noch keine Milch oder Rogen gebildet hat, die noch nicht abgelaicht haben. Die frisch gefangenen Fische werden in Holzfässer in Salzlake eingelegt. Die besten Matjes haben nur einige Tage in Salzlake gelegen, sind mild und schön fett.

Deftiges aus Topf und Pfanne

Jägerschnitzel mit Spirellinudeln und Tomatensauce

Jägerschnitzel

4 fingerdicke Scheiben Jagdwurst
etwas Mehl
1 Ei
Semmelbrösel
Butterschmalz

Nudeln und Tomatensauce

500 g Spirellinudeln
1 Zwiebel
125 g Butter
2 EL Tomatenmark
2 EL Mehl
200 g Ketchup
Salz und Pfeffer
etwas Zucker

1 Jagdwurstscheiben nacheinander in Mehl, verrührtem Ei und Semmelbröseln wenden. Die Panade fest andrücken, damit sie beim Braten nicht abfällt.

2 Butterschmalz in der Pfanne schmelzen. Die Wurstscheiben darin braun und knusprig braten.

3 Wasser in einem Topf mit etwas Salz auf den Herd setzen, zum Kochen bringen und die Spirelli nach Packungsanweisung garen.

4 Die Zwiebel in feine Würfel schneiden und in heißer Butter in einem Topf glasig dünsten. Tomatenmark und Mehl dazugeben und unter ständigem Rühren anschwitzen. Mit so viel Wasser auffüllen, dass sich eine sämige Konsistenz bildet. Ketchup dazugeben und unter Rühren kurz aufkochen lassen. Anschließend etwa 15 Minuten köcheln lassen.

Grützwurst mit Sauerkraut

Grützwurst

500 g Wurst (Grützwurst am Stück)
1 große Zwiebel
1 EL Öl
1 EL Margarine
1 kleine Knoblauchzehe
Salz und Pfeffer

Sauerkraut

500 g frisches Sauerkraut
1 Zwiebel
30 g Gänseschmalz
¼ Ltr. Fleischbrühe
3 Wacholderbeeren
1 Lorbeerblatt
Salz

1 1 EL Öl in die Pfanne geben und erhitzen. Die fein gewürfelte Zwiebel darin glasig werden lassen.

2 Die in mittlere Stücke geschnittene Grützwurst in die Pfanne geben. Wenn sie breiig geworden ist, vorsichtig mit Knoblauch sowie Salz und Pfeffer würzen und etwas Margarine zufügen.

3 Alles noch etwa 5 Minuten auf kleiner Flamme schmoren lassen.

4 Die Zwiebel abziehen, halbieren und in feine Streifen schneiden. Im heißen Schmalz glasig dünsten und die Brühe dazugießen.
Das frische Sauerkraut etwas auseinanderzupfen und in die kochende Brühe geben. Wacholderbeeren und Lorbeerblatt dazugeben und bei mittlerer Hitze im geschlossenen Topf 45 Minuten leicht kochen lassen. Mit Salz abschmecken.

Übrigens Gereicht werden zu Grützwurst mit Sauerkraut traditionellerweise Salzkartoffeln. Speziell in der DDR hatte sich als Bezeichnung für dieses ostdeutsche klassische Gericht der makabre Begriff »Tote Oma« etabliert, der sich auf das Aussehen der Speise bezieht.

Milchbrie mit gebratener Rotwurst

1–2 kleine Touristenrotwürste
½ Ltr. Milch
1–2 EL Essig oder Zitronensaft
2 EL Mehl
80 g Butter
1 Ei
Salz und Pfeffer

1 Die Milch in einen kleinen Topf schütten und zum Kochen bringen.

2 Das Mehl in etwas Wasser gut anrühren und in die kochende Milch geben.

3 Die Brie vom Feuer nehmen, das Ei gut darunter quirlen und in kleinen Stückchen die eiskalte Butter sowie Salz und Pfeffer hinzufügen. Die eiskalte Butter macht die Brie schön sämig.

4 Zum Schluss kommt Essig dazu. Wer keinen Essig mag, kann als Alternative auch Zitronensaft verwenden. Alles nochmals gut durchrühren und 5 Minuten durchziehen lassen.

5 Die Blutwurst in zwei Hälften schneiden und sie in einer Pfanne mit wenig Öl schön knusprig ausbacken.

Übrigens Dazu passen hervorragend Thüringer Klöße.

Schlachteplatte

4 kleine Blutwürste
4 kleine Leberwürste
500 g magerer Schweinebauch
2 Zwiebeln
2 Äpfel
1 Porree
2 EL Butterschmalz
600 g Sauerkraut
1 TL Wacholderbeeren
1 Lorbeerblatt
⅛ Ltr. Weißwein
1 Prise Zucker
Salz

1 Das Suppengrün und den Schweinebauch waschen. 1 Ltr. Wasser zum Kochen bringen. Suppengrün, Schweinebauch und das Salz (1 TL) zugeben. Etwa 1 Stunde bei schwacher Hitze kochen.

2 Die Zwiebeln abziehen und fein hacken. Äpfel schälen, vierteln und das Kerngehäuse entfernen, dann die Apfelviertel in Würfel schneiden.

3 Das Butterschmalz in einen Topf geben und die Zwiebeln darin glasig dünsten. Apfelwürfel dazugeben und einige Minuten braten.

4 Das Sauerkraut, die Wacholderbeeren und das Lorbeerblatt zufügen und den Weißwein angießen. 30 Minuten bei mittlerer Hitze köcheln lassen. Das Kraut mit Salz und 1 Prise Zucker abschmecken.

5 Die Blut- und Leberwürste (frische vom Fleischer) zum Schweinefleisch geben und in der Brühe heiß werden lassen, aber nicht kochen.

6 Das Sauerkraut portionsweise auf große, vorgewärmte Teller verteilen. Das Fleisch und die heißen Würste darauf anrichten. Dazu passen Salzkartoffeln und ein würziges helles Bier.

FS
Corned Beef
340g

Labskaus

750 g gepökeltes Rindfleisch
8 Matjesfilets
8 Eier
1 kg Kartoffeln
4 Zwiebeln
3 EL Essig
5 Gewürznelken
Zucker
500 g Rote Bete
2 Äpfel
1 ½ TL Meerrettich
2 EL Wasser
2 EL Öl

1 Das Rindfleisch in reichlich Wasser etwa 1–2 Stunden weich kochen. Die Rote Bete schälen, waschen, vierteln und in Salzwasser 1 Stunde kochen. Die Kartoffeln schälen, waschen und gar kochen.

2 Die Zwiebeln abziehen. Das Fleisch aus dem Sud nehmen und die Brühe zur Seite stellen. Die Kartoffeln, drei Zwiebeln und das Rindfleisch durch den Fleischwolf drehen und alles gut vermischen. Mit Pfeffer würzen und mit der Pökelbrühe zu einer geschmeidigen Masse vermengen und über Nacht kühlstellen.

3 Den Meerrettich schälen und in kleine Würfel schneiden. Eine Sauce aus Essig, Wasser, Meerrettich, Salz, Pfeffer und etwas Zucker zubereiten.

4 Die noch lauwarme Rote Bete in Scheiben schneiden und ebenfalls kühlstellen. Die Äpfel schälen und mit den restlichen Zwiebeln in Scheiben schneiden. Auf die Matjes legen und dann aufrollen.

5 Das Öl erhitzen und 8 Spiegeleier darin braten. Das Labskaus auf Teller füllen und mit der Roten Bete, dem Matjes, den Spiegeleiern sowie etwas Meerrettichsauce servieren. Gegebenenfalls kann noch eine halbierte Gewürzgurke dazu gereicht werden.

Übrigens Labskaus ist ein typisch norddeutsches Gericht, wird aber auch andernorts, zum Beispiel in Thüringen, gern gegessen. Der Legende nach soll es von einem Schiffskoch erfunden worden sein, der seinen letzten Proviant zu einer Henkersmahlzeit verkochte. Bei allen »Seebären« gehört bis heute zum Essen ein kleiner Schnaps dazu.

Speck und Zwiebeln

Speck- oder Schinkenspeckwürfel
Zwiebeln
Kümmel
Majoran
Piment gemahlen
Senf
Essig
Schnittlauch
Petersilie
Dill
Thymian
Pfeffer

1 Speck- oder Schinkenspeckwürfelchen mit Zwiebelringen (Mischungsverhältnis Speck und Zwiebeln beliebig) auf großer Flamme braten, bis die Zwiebelringe anfangen zu bräunen. Dann zudecken und gar dünsten.

2 Am besten die Pfanne auf den Tisch stellen und alle möglichen Gewürze und Kräuter bereitstellen, so dass sich jeder seine eigene Mischung zubereiten kann. Dazu gibt es Pellkartoffeln oder Kartoffelbrei.

Schaschlik mit Sauce

Spieße

500 g Putenfleisch oder mageres Schweinefleisch
2 Zwiebeln
2–3 rote Paprika
4 Tomaten
2 kleine Zucchini
1 Gurke
Zitronensaft
etwas Öl
1 Prise Salz
4–5 Metall- oder Holzspieße

Sauce

2 Zwiebeln
2 Knoblauchzehen
3 EL Olivenöl
½ Flasche Ketchup
1–2 TL Curry
500 ml Gemüsebrühe
etwas Salz
Thymian
Petersilie
3 EL Rosenpaprika

1 Das Fleisch würfeln (2 x 2 cm). Zitronensaft und etwas Öl mischen und die Fleischwürfel circa 2 Stunden darin marinieren. Das Fleisch sollte knapp mit der Marinade bedeckt sein.

2 Während das Fleisch durchzieht, das Gemüse für die Spieße vorbereiten. Zwiebeln in Stücke schneiden, Paprika, Tomaten, Zucchini und Gurke in Würfel schneiden.

3 Das Fleisch aus der Marinade nehmen und zusammen mit den Gemüsewürfeln und der Zwiebel abwechselnd auf Metall- oder Holzspieße aufstecken. Die Spieße circa 20 bis 30 Minuten auf dem Grill garen. Wer keinen Grill besitzt, kann die Spieße auch in der Pfanne auf dem Herd braten, dabei immer wenden, damit alle Seiten gut gebraten sind.

4 Zwiebeln und Knoblauch fein hacken und im heißen Olivenöl glasig dünsten. Ketchup und Curry dazugeben und mit Fleischbrühe ablöschen. Mit Salz, Thymian und Petersilie würzen, und zum Schluss die Sauce mit Rosenpaprika (scharfes Paprikapulver) scharf abschmecken.

5 Die fertigen Schaschlikspieße in die Sauce legen und ein wenig ziehen lassen, aber nicht mehr kochen. Für Gartenfreunde ein köstliches Grillgericht, das aber auch als Pfannengericht lecker schmeckt.

Königsberger Klopse

250 g Rinderhackfleisch
250 g Kalbshackfleisch
2 dicke Scheiben entrindetes Weißbrot
2 Sardellenfilets
¾ Ltr. Fleischbrühe
1 kleine Zwiebel
½ Zwiebel oder ein Stück Lauch
1 Lorbeerblatt
6 Pimentkörner
2 EL Butter
1 EL Mehl
12 Kapern
Saft einer Zitrone
2 Eigelb
Salz und Pfeffer (weiß)

1 Hackfleisch mit Ei, den in Wasser eingeweichten und wieder ausgedrückten Brotscheiben, der geriebenen Zwiebel und den kleingeschnittenen Sardellenfilets vermischen und gut durcheinanderkneten. Daraus etwa eigroße Bällchen (Klopse) formen.

2 Fleischbrühe mit Lorbeerblatt, der halben Zwiebel, Piment- und Pfefferkörnern 20 Minuten kochen, dann die Klopse einlegen und gut 10 Minuten in der Brühe garen, herausnehmen und warmstellen.

3 Brühe durchseihen. Aus Butter und Mehl eine helle Schwitze bereiten. Mit der Brühe ablöschen, Kapern mitsamt der Brühe zugeben. Die so entstandene Sauce abschmecken, eventuell noch etwas Salz und Pfeffer zufügen, auf jeden Fall aber den Zitronensaft.

4 Vom Feuer nehmen und mit dem verquirlten Eigelb legieren. Klopse in die Sauce einlegen, darin noch etwas heiß werden lassen und servieren. Eine Verfeinerung bekommt das Rezept, wenn man zusätzlich einige EL Schmand in die Sauce verquirlt. Als Beilage gibt es Salzkartoffeln.

Übrigens Die Speise ist erst seit dem 18. Jahrhundert zu belegen; das Wort »Klopse« kommt von kloppen, klopfen.

Berliner Eisbein

1 mild gepökeltes Schweinedickbein
600 g Sauerkraut
1 Ltr. Brühe
1–2 Zwiebeln
1 Lorbeerblatt
schwarze Pfefferkörner
Piment
Salz und Pfeffer

1 Das Eisbein unter kaltem Wasser waschen und trockentupfen. In einem Topf die Brühe erhitzen. Darin das Fleisch mit den Zwiebeln, den Pfefferkörnern, Piment und dem Lorbeerblatt etwa 1–2 Stunden langsam köcheln, bis es weich ist.

2 Das Sauerkraut in den Eisbein-Sud geben und mehrmals wenden. Es sollte gleichmäßig gar werden. Kurz vor dem Servieren abschmecken, salzen und pfeffern.

Übrigens Als Beilage reicht man traditionellerweise Salzkartoffeln und Mostrich (Senf). Als Getränk gehört in Berlin eine »Molle«, ein Glas Bier, dazu.

Nebenbeschäftigung
Unterricht

Pilzgulasch

600 g Pilze (Steinpilze, Champignons, Maronenpilze)
300 g Kartoffeln
¼ Ltr. Fleischbrühe
1 Zwiebel
1 Bund Schnittlauch
1 Bund Petersilie
2 Tomaten
1 Prise Muskat
3 EL Schlagsahne
50 g Butterschmalz
Salz
Paprikapulver

1 Die Pilze putzen und in Würfel schneiden.

2 Eine kleine Zwiebel schneiden und in einer Pfanne mit dem erhitzten Butterschmalz kurz andünsten. Schnittlauch und Petersilie kleinschneiden und mit den Pilzen sowie Salz und ¼ TL Paprikapulver in die Pfanne geben. Das Ganze zugedeckt etwa 6 Minuten schmoren lassen.

3 Am Vortag gekochte Kartoffeln und zwei geschälte, in Würfel geschnittene Tomaten hinzufügen und alles nochmals 5–10 Minuten weich kochen lassen.

4 Zum Schluss ¼ Ltr. Fleischbrühe und 1 Prise Muskatnuss dazugeben und alles kurz durchziehen lassen. Vor dem Servieren einen Klecks geschlagene Sahne hineingeben, das erhöht den Genuss.

Pilzklößchen

Maronen, Champignons, Pfifferlinge oder auch andere Pilze
100 g Schinkenspeck
Haferflocken
2 Scheiben Weißbrot
1 Ei
1 Zwiebel
gehackte Petersilie
Zitronensaft
Muskatnuss
Salz und Pfeffer

1 Die möglichst trockenen Pilze kleinhacken. Auf 100 g Pilze werden je 5 g Haferflocken verwendet. Diese werden ohne Fett in einer Pfanne geröstet (nicht zu dunkel).

2 Das Weißbrot kurz einweichen, dann die Pilze mit den Haferflocken, dem Schinkenspeck und dem Brot gut vermengen. Sollte die Masse noch etwas klebrig sein, eventuell noch Haferflocken oder Semmelbrösel dazugeben.

3 Kleine Klößchen oder Küchlein aus der Masse formen und sie in heißem Butterschmalz backen. Zu den Pilzklößchen kann man Kartoffelpüree und frischen Gartensalat reichen.

Rotkrautroulade mit Fleisch-Pilz-Füllung

5 große Rotkrautblätter
250 g gedünstete Pfifferlinge
250 g Schweinekamm
2 Eier
3 Zwiebeln
50 g Mehl
2 EL Essig
1 EL Zitronensaft
1 TL Zucker
3 EL Semmelbrösel
Bratfett
1 Schuss Weißwein
Salz und Pfeffer

1 Die Rotkrautblätter mit den Gewürzen Pfeffer, Essig, Salz und 1 Zwiebel in kochendes Wasser geben. Gut blanchieren, herausnehmen und trockentupfen.

2 Das Fleisch, die Pilze und die Zwiebeln durch den Fleischwolf drehen und mit den Eiern, Salz, Pfeffer und Semmelbrösel zu einem glatten Teig verarbeiten. Den Fleischteig auf die blanchierten Rotkrautblätter streichen, diese dann zusammenrollen und mit Rouladennadeln feststecken.

3 In einer Pfanne Butterschmalz erhitzen und die Rouladen von allen Seiten gut anbraten. Danach etwas Weißwein hinzugeben und alles zugedeckt circa 20 Minuten kochen lassen. Dann die Rouladen herausnehmen und warm halten.

4 Die Sauce in der Pfanne mit etwas Stärkemehl binden und mit Zitronensaft, Zucker, Salz und Pfeffer abschmecken. Dazu passt besonders gut ein lockeres Kartoffelpüree.

Wirsingrouladen

1 Kopf Wirsing
500 g Hackfleisch
100 g Knollensellerie
1 Paprikaschote (rot)
1–2 Zwiebeln
5 EL Öl
2 TL Senf
4 EL Crème fraîche
500 ml Fleischbrühe
2 EL Kapern
1–2 Zweige Thymian
Salz und Pfeffer

1 Wirsing putzen, 12 schöne, große Blätter in kochendem Wasser 2 Minuten blanchieren, eiskalt abschrecken.

2 Die Paprika, den Sellerie, die Zwiebeln und 50 g Wirsing kleinschneiden und in 2 EL Öl andünsten. Danach abkühlen lassen und unter das Hackfleisch geben. Die Masse mit Salz, Pfeffer und Thymian kräftig würzen.

3 Auf jedes Kohlblatt etwas von der Mischung geben, die Blätter einrollen und zubinden. Die Röllchen im Öl von allen Seiten anbraten, dann Fleischbrühe dazugeben und 15 Minuten garen.

4 Zum Schluss die Crème fraîche, die Kapern und den Senf einrühren. Abschmecken und gegebenenfalls nachwürzen.

Gefüllte Paprikaschoten

8 Paprikaschoten
400 g Gehacktes
200 g gekochter Reis
80 g Weißbrot
1 Zwiebel
1 Ei
1 TL Kümmel
¼ Ltr. Brühe
Öl zum Braten

1 Aus dem Hackfleisch, dem eingeweichten und wieder ausgedrückten Weißbrot, der kleingeschnittenen Zwiebel, dem Ei, den Gewürzen und dem gekochten Reis eine Hackfleischmasse bereiten.

2 Die Paprika aushöhlen, mit der Masse befüllen und in heißes Öl setzen.

3 Nach kurzem Anbraten unter Zugabe von heißer Brühe und etwas Wasser zugedeckt gar dünsten. Die Sauce kann mit ein wenig Stärkemehl angedickt und mit saurer Sahne und Tomatenmark verfeinert werden.

Gemüsesülze

2 Beutel Gelatine
200 g Bierwurst
200 g Remoulade
6 hartgekochte Eier
1–2 Dosen Mischgemüse
1–2 Gewürzgurken
1 Zwiebel
1 TL Brühpaste

1 Die hartgekochten Eier, das Mischgemüse aus der Dose, die Gewürzgurken, die Zwiebel und die Bierwurst in kleine Stücke schneiden und mit 200 g Remoulade mischen.

2 Den Gemüsesaft aus der Dose mit Wasser auf 300 ml auffüllen. 150 ml davon mit 1 TL Brühpaste aufkochen. Die anderen 150 ml mit der Gelatine mischen und aufkochen lassen.

3 Nach dem Abkühlen alle Zutaten miteinander vermengen und pikant abschmecken. Die Masse in eine längliche zuvor mit Frischhaltefolie ausgelegte Kuchenform füllen und im Kühlschrank einige Stunden erstarren lassen.

4 Die Sülze stürzen und den Rand mit Salatblättern und Radieschen garnieren. Als Beilage passen hervorragend Bratkartoffeln.

Überbackener Chicorée

4 dicke Chicorée
4 Scheiben Rinderschinken
4 Scheiben Gouda
2 Ltr. Gemüsebrühe
¼ Ltr. Gemüsebrühe
¼ Ltr. Milch
3 EL Zitronensaft
40 g Mehl
40 g Butter
130 g Crème fraîche
200 g geriebener Gouda
Muskatnuss
Salz und Pfeffer

1 Den Chicorée waschen, den bitteren Strunk herausnehmen. In 2 Ltr. kochender Gemüsebrühe etwa 10–15 Minuten garen, anschließend herausnehmen und abtropfen lassen. Mit Zitronensaft beträufeln und mit Salz und Pfeffer würzen.

2 Den Chicorée längs halbieren und je eine Schinken- und Käsescheibe zwischen die Hälften legen und mit Garn umwickeln.

3 Für die Sauce Mehl und Butter anschwitzen. Mit ¼ Ltr. Gemüsebrühe und Milch ablöschen und einige Minuten leicht köcheln lassen. Eventuell etwas Brühe oder Milch nachgießen. Kurz vor dem Ende der Garzeit 1–2 EL geriebenen Käse einstreuen, Crème fraîche unterrühren und mit Salz, Pfeffer und Muskat würzen.

4 Die Sauce über den Chicorée gießen und nochmals mit etwas geriebenem Käse bestreuen. Im vorgeheizten Backofen bei 180 °C 20 Minuten überbacken. Dazu serviert man Kartoffelpüree und ein gutes Bier.

Herzhafte Braten- und Ofengerichte

Gefüllter Gänsebraten

1 küchenfertige Gans (circa 5 kg)
Für die Füllung:
Beifuß
250 g Backpflaumen (eine Nacht einweichen)
500 g Äpfel
2 EL Zucker
4–5 EL trockenes, geriebenes Brot
2 cl Weinbrand oder Cognac
Für die Sauce:
5 EL Sahne
1–2 EL Mehl
2–3 EL Apfelmus
Salz und Pfeffer

1 Die Gans sorgfältig abwaschen und abtrocknen. Nur von innen salzen.

2 Die eingeweichten Backpflaumen entsteinen und mit den geschälten und zerkleinerten Äpfeln vermischen. Die Gans damit füllen und an der offenen Seite zunähen.

3 Vor dem Braten etwa 3 Tassen Wasser, 1 geteilten Apfel und 2 kleine Sträußchen Beifuß in die Fettfangschale geben. Die gefüllte Gans auf einen Bratrost legen und alles im vorgeheizten Ofen auf die unterste Schiene schieben.

4 Bei 200 °C 2 ½ bis 3 Stunden langsam braten lassen. Gelegentlich mit dem Bratensaft begießen. Nach der halben Bratzeit einige Male unterhalb der Keulen in die Haut einstechen, damit das Fett besser ausbraten kann. 10 Minuten vor dem Ende der Garzeit die Gans mit kaltem Salzwasser bestreichen und bei 250 °C knusprig braten.

5 Die in der Fettpfanne befindliche Tunke mit Wasser verlängern, mit Sahne und Mehl binden und mit Apfelmus, Salz und Pfeffer abschmecken. 5 Minuten aufköcheln lassen.

6 Die Fäden ziehen und die Gans tranchieren. Dazu reicht man Klöße und Rotkohl.

Übrigens In der DDR war der Gänsebraten mit Klößen und Rotkohl nicht nur zum Weihnachtsfest ein beliebtes und traditionelles Gericht, sondern vielerorts kam auch zum Martinstag die »Martinsgans« auf den Tisch.

Gänsebraten und Rohe Klöße

Für die Klöße:

mehlig kochende Kartoffeln (je Person 2–3 große Kartoffeln)

Essig

Salz

Für den Gänsebraten:

1 junge Gans

2–3 Äpfel

3–4 Zwiebeln

1 Salbeiblatt

Beifuß

Mehl

Salz und Pfeffer

Gänsebraten

1 Die Gans gut reinigen, ausnehmen, innen und außen kurz waschen und mit Salz und Pfeffer einreiben. In die Gans einige säuerliche Äpfel, mittelgroße, ganze Zwiebeln, ein Salbeiblatt und einen Stengel Beifuß stecken. In eine genau passende Pfanne legen, mit reichlich kochendem Wasser begießen und zugedeckt weich dünsten. Dann ohne Deckel den Braten allseitig bei starker Hitze bräunen. Ab und zu den Bratensatz mit dem Messer lösen.

2 Die Gans aus der Pfanne nehmen, in Stücke zerteilen und mit Äpfeln und Zwiebeln anrichten. Die Brühe mit wenig angerührtem Stärkemehl binden. Mit Salz und Pfeffer abschmecken.

Klöße

1 Je Person 2–3 große Kartoffeln schälen und waschen. Die Gesamtzahl der Kartoffeln durch 3 teilen. ⅔ der Kartoffeln reiben; über das Geriebene einige Male warmes Wasser gießen, welches mit einem Schuss Essig versetzt wurde. Das Wasser jedes Mal wieder abgießen.

2 Die Masse in ein festes Leinensäckchen füllen, dieses zubinden und samt der Masse unter einer Kartoffelpresse fest auspressen. Die am Boden des Gefäßes mit der ausgepressten Flüssigkeit abgesetzte Stärke antrocknen lassen und später beliebig dem Geriebenem beifügen – die Klöße werden dann fester.

3 Das restliche Drittel der Kartoffeln in größere Stücke schneiden, in einen Topf geben, zwei Finger hoch mit kaltem Wasser bedecken, auf den Herd setzen und kochen, bis die Kartoffeln zerfallen. Dann die Kartoffeln in ihrem Kochwasser zu einem schlanken Brei verrühren und diesen aufkochen lassen.

4 Die rohe Kartoffelmasse aus der Presse nehmen, in eine große Schüssel geben, mit Salz vermischen (auf 20 Kartoffeln eine Handvoll), die Stärke zugeben, nach und nach den kochenden Brei zuschütten und diesen mit einem großen Quirl schnell unterrühren. So lange kräftig rühren oder schlagen, bis sich der Kloßteig vom Schüsselrand löst, ein wenig glasig aussieht und nicht mehr nach rohen Kartoffeln riecht.

5 Mit nassen, kalten Händen faustgroße Klöße formen; nach Belieben dabei in Butter geröstete Semmelwürfelchen hineingeben. Die Klöße in leise siedendem Wasser garziehen lassen; sie sind gar, wenn sie an die Oberfläche steigen.

Gebratene gefüllte Pute

1 Pute
Innereien der Pute (Magen, Leber, Herz)
200 g Weißbrot
120 g Butter
⅛ Ltr. saure Sahne
⅛ Ltr. Wasser
3 Eigelbe
3 EL Petersilie
2–3 EL Semmelbrösel
Muskat
Salz und Pfeffer

1 Die gewaschene Pute gut abtropfen und mit Salz und Pfeffer einreiben.

2 Für die Füllmasse Leber, Herz und Magen von Sehnen befreien. Weißbrot einweichen. Alles zusammen durch den Fleischwolf drehen und mit Salz und Muskat abschmecken.

3 In 2 EL Butter kurz die geschnittene Petersilie anschwitzen und zur Füllmasse geben. Das Eigelb untermengen. Ist die Füllung zu weich, ein wenig Semmelmehl hinzugeben. Die Füllung in die Pute geben und zunähen.

4 In einem großen Bräter Öl erhitzen, etwas Wasser zufügen und die Pute hineinlegen. Es können – je nach Belieben – auch einige Speckscheiben hinzugefügt werden. 2–3 Stunden zugedeckt dünsten, danach den Deckel abnehmen und die Pute weiter circa 2 Stunden garen, dabei immer wieder mit dem Bratensaft übergießen. Gegebenenfalls etwas Wasser zufügen. Die Pute darf nicht wie die Gans allzu knusprig braten, weil dabei besonders das Fleisch der Keule zu derb würde. Wenn sie durchgegart ist, die ganze Pute servieren und am Tisch zerteilen.

Übrigens Pute ist ein sehr bekömmliches, fettarmes Fleisch und deshalb besonders gesund.

Gefülltes Perlhuhn

1 Perlhuhn

Für die Füllung:
250 g Kalbsbrät
3–4 EL Sahne
2–3 Scheiben Toastbrot
1 Knoblauchzehe gehackt
½ TL Ingwer
Öl
30 g Butter
frische Petersilie
Salz und Pfeffer

Für die Sauce:
1 kleine Möhre
1 Zwiebel
50 g Knollensellerie
1 TL Puderzucker
1 TL Tomatenmark
100 ml Rotwein
400 g Gemüsebrühe
1–2 Rosmarinzweige
1 Scheibe Ingwer
1 Knoblauchzehe
Salz und Pfeffer

Für die Pilze:
500 g gemischte Pilze
2 EL Butter
2 EL Öl
Petersilie
Salz und Pfeffer

1 Die Sahne mit dem Kalbsbrät glattrühren. Mit Ingwer, Petersilie, gehacktem Knoblauch würzen. Das Toastbrot entrinden, in kleine Würfel schneiden und in einer Pfanne in Öl und Butter goldgelb rösten. Die abgekühlten Brotwürfel unter das Kalbsbrät geben. Das Perlhuhn mit den Flügeln nach oben auf eine Arbeitsfläche legen. Entlang dem Rückgrat mit einem scharfen Messer einschneiden. Das Fleisch von der Karkasse, die Flügel und Keulen aus den Gelenken und das Brustfleisch vom Knochen lösen. Die Karkasse aus dem Fleisch nehmen, das Huhn flach auf die Hautseite legen, mit Salz und Pfeffer würzen.

2 Die Füllung in der Mitte des Perlhuhns der Länge nach verteilen. Das Fleisch darüber klappen, die Fleischenden etwas übereinander legen und mit Zahnstochern feststecken. Das Geflügel nun in die ursprüngliche Form bringen, salzen und pfeffern.

3 Den Ofen auf 200 °C vorheizen, das Huhn in einen großen Bräter legen und ins Rohr schieben. Die Karkasse kleinhacken und auf einem Blech im Ofen braun rösten.

4 Für die Sauce Möhre, Zwiebel, Sellerie schälen und grob zerkleinern. Im Bräter Puderzucker karamellisieren, die gerösteten Knochen dazugeben. Tomatenmark hinzufügen und mit Rotwein ablöschen.

5 Das Ganze sirupartig einkochen lassen, das kleingeschnittene Gemüse zufügen und alles zu dem Perlhuhn geben. Im Ofen knapp 1 Stunde garen. Nach 30 Minuten Rosmarin, Knoblauch und Ingwer hinzugeben.
Das Huhn aus dem Bräter nehmen, die Zahnstocher entfernen und den Braten warm halten. Das Gemüse und die Sauce durch ein Sieb gießen.

6 Die geputzten Pilze kleinschneiden und in einer Pfanne in etwas Butter 2–3 Minuten anbraten, danach salzen und pfeffern und mit Petersilie bestreuen. Zum Anrichten die warmen Pilze mittig auf den Teller geben, das Huhn in Scheiben schneiden und obenauf legen.

Hähnchenschenkel im Gemüsebett

10 Hähnchenschenkel
6 Tomaten
2–3 Möhren
1 Bund Petersilie
1 Zucchini
150 g Schinkenspeck
½ Ltr. Gemüsebrühe
1 EL Butterschmalz
Salz und Pfeffer

1 Die Hähnchenschenkel mit Salz und Pfeffer würzen. Möhren schälen und kleinschneiden, Tomaten und Zucchini in kleine Stücke schneiden.

2 Ein tiefes Backblech auf der Herdplatte bei mittlerer Hitze erwärmen. Speckwürfel und Butterschmalz darauf anbraten und dann die Hähnchenschenkel nebeneinander in das heiße Fett legen. Möhren-, Tomaten- und die Zucchinistücke dazugeben.

3 Alles leicht anbraten, die Hähnchenschenkel dabei mehrmals wenden und mit der Gemüsebrühe angießen.

4 Ofen auf 180 °C vorheizen. Die Hähnchenpfanne in den Ofen schieben und bei 200 °C circa 40–45 Minuten braten. Nach 20 Minuten die Hähnchenteile einmal wenden und eventuell Brühe nachgießen. Als Beilage zu den Hähnchenschenkeln im Gemüsebett passt Reis und Brot.

Hähnchen im Bratschlauch

1 Hähnchen
1 Karotte
1 Zwiebel
1 Stück Sellerieknolle
½ Stange Lauch
¼ Ltr. Weißwein
2 EL Senf
2 TL Rosmarinnadeln
1 TL süßer Paprika
Salz und Pfeffer
1 Bratschlauch

1 Salz, Pfeffer, Paprika und Senf mischen. Das gesäuberte Hähnchen damit rundum einreiben. Die Rosmarinnadeln und wenig Salz in das Innere des Hähnchens streuen.

2 Das Gemüse putzen, waschen und in kleine Stücke schneiden. Das Hähnchen mit dem Gemüse in den Bratschlauch legen. Den Wein auf das Hähnchen verteilen. Den Bratschlauch schließen und auf der Oberseite mit einer Nadel 6–7 Mal einstechen. Den Bratschlauch im vorgeheizten Ofen auf dem Rost 50–60 Minuten bei 190 °C auf der unteren Einschubleiste schmoren.

3 Mit der Schere den Bratschlauch aufschneiden, den Fleischsaft in ein Pfännchen geben, auf die Hälfte einkochen lassen und wenn nötig noch nachwürzen. Das Hähnchen am Tisch in Stücke schneiden und mit der Bratensauce begießen.

Ente mit Orangen

1 küchenfertige Ente
1 Entenleber
3 Orangen
1 Apfel
1 Brötchen
1 Ei
2 EL Rosinen
3 TL Johannisbeergelee
Wurzelwerk (Sellerie, Möhren)
10 g Speisestärke
Salz und Pfeffer

1 Die vorbereitete Ente von innen und außen salzen, pfeffern und mit Saft von ½ Orange beträufeln.

2 Das eingeweichte Brötchen mit dem Ei, fein gehackter Leber, Rosinen, Apfelwürfeln vermischen, salzen und pfeffern und in die Ente füllen.

3 ¼ Ltr. Wasser in eine passende Bratpfanne geben und die Ente hineinlegen. Das geputzte Wurzelwerk zugeben.

4 Die Ente etwa 2 Stunden bei mittlerer Hitze braten. Zwischendurch immer wieder mit Bratensaft begießen und etwas kochendes Wasser zugeben.

5 Den Bratensatz durch ein Sieb gießen und mit Stärkemehl binden. Die Sauce würzen und extra servieren. Die Ente mit den Orangenscheiben garnieren, auf jede Orangenscheibe etwas Johannisbeergelee geben.

Mecklenburger Schweinebraten mit Äpfeln

1–2 kg Schweinebraten (Kamm oder Schulter)
Speck
Bier
2–3 Pimentkörner
1 Lorbeerblatt
1–2 Zwiebeln
2 Äpfel
Salz und Pfeffer

1 Den Schweinebraten abends leicht salzen, pfeffern und mit Bier begießen. Dabei mehrmalig drehen, damit das Fleisch von allen Seiten mit dem Biersud bedeckt ist. 2–3 Pimentkörner und 1 Lorbeerblatt dazugeben.

2 In einen Römertopf oder eine Schmorpfanne Speckscheiben legen, dazu den Braten. 1–2 kleingeschnittene Zwiebeln und 2 in Scheiben geschnittene Äpfel dazulegen. Je nach Bedarf mit etwas Brühe aufgießen.

3 Im Backofen 2 Stunden bei ca. 180 °C garen. Beim Schmoren immer wieder mit dem Biersud begießen. Anschließend den Braten in Scheiben schneiden und leicht geschmorte Apfelstücke dazu reichen.

Thüringer Kalbshaxe mit Bier

1 Kalbhaxe (Hinterhaxe, 2 kg)
6 kleine Kalbsknochen
2 große Zwiebeln
1 Petersilienwurzel
½ Sellerieknolle
250 g Möhren
5 EL Öl
1–2 EL Crème fraîche
¼ Ltr. Brühe
½ Ltr. Bier
Salz und Pfeffer

1 Die Kalbshaxe waschen, trockentupfen und mit Salz und Pfeffer einreiben. Das Öl in einem Bräter erhitzen und die Kalbhaxe von allen Seiten scharf anbraten. Die Zwiebeln schälen, Sellerieknolle, Petersilienwurzel und Möhren putzen und alles grob würfeln.

2 Die Kalbshaxe herausnehmen und die Kalbsknochen im Bratfett bräunen. Das Wurzelgemüse zufügen und kurz anrösten. Die Kalbshaxe wieder in den Bräter zurückgeben. Brühe und Bier angießen. Im vorgeheizten Backofen bei 200 °C alles circa 2 Stunden schmoren, dabei von Zeit zu Zeit die Haxe mit dem Bratensaft begießen.

3 Die fertige Kalbshaxe aus dem Bräter heben und im angeschalteten Ofen warm halten. Den Bratensaft durch ein Sieb in einen Topf gießen und den Saft etwas einkochen lassen. Die Sauce mit Salz und Pfeffer und 1–2 EL Crème fraîche abschmecken.

4 Die Kalbshaxe im Ganzen auftragen und erst am Tisch das Fleisch vom Knochen lösen. Die Sauce extra reichen. Klassisch wäre als Beilage ein Kartoffel- und Feldsalat.

Lammstrudel mit Löwenzahnsalat

Für den Strudel

900 g Lammfilet (Mittelstück)
400 g tiefgefrorener Blätterteig
300 g Champignons
100 g Gänseleberpastete (Dose)
125 g Schlagsahne
3 Schalotten
2 EL Butter
2 EL Crème fraîche
3 EL Öl
1 EL Rotwein
1 Eiweiß und 1 Eigelb
Rinderfond
Petersilie
Salz und Pfeffer

Für den Salat

250 g Löwenzahnblätter
200 g Käse (Emmentaler)
150 g Walnüsse
150 g Joghurt
1 Bund Petersilie
1 Bund Gartenkresse
einige Blätter Zitronenmelisse
2 EL Kräuteressig
4 EL Sonnenblumenöl
Salz und Pfeffer

1 Blätterteig auftauen lassen, Pilze trockenreiben, putzen und fein hacken, ebenfalls die gesäuberten Schalotten. Butter in einem Bräter erhitzen und Pilze und Schalotten darin dünsten, bis die Flüssigkeit verdampft ist. Rotwein und Crème fraîche hinzufügen und etwas einköcheln lassen; pfeffern, salzen und abkühlen lassen.

2 Das Filetstück abspülen, trockentupfen, salzen, pfeffern und in heißem Öl kräftig anbraten. Kurz ruhen lassen. Den Bratensatz aufheben. Gänseleberpastete, Petersilie und Pilzfarce mischen. Den Blätterteig auf einer bemehlten Arbeitsfläche zum Rechteck ausrollen. Das Filet auf das obere Drittel des Teiges legen, rundherum mit der Farce bestreichen. Die Teigränder mit Eiweiß betupfen und das Fleisch mit dem Teig umhüllen. Ränder fest andrücken. Überstehenden Teig abschneiden, in Streifen schneiden und zum Verzieren nutzen. Das Ganze mit dem verquirlten Eigelb bestreichen.

3 Auf ein mit Backpapier ausgelegtes Backblech den Strudel legen und mindestens 20 Minuten ruhen lassen. Dann im vorgeheizten Backofen bei 180 bis 200 °C circa 30–40 Minuten goldgelb backen. Im abgeschalteten Backofen noch circa 10 Minuten ruhen lassen. Bratensatz, Rinderfond, Rotwein und Sahne aufkochen, etwas einköcheln lassen und würzen.

4 Frische Löwenzahnblätter waschen, trockentupfen und in Streifen schneiden. Den Käse kleinschneiden. Walnüsse und Petersilie hacken, Kresse und Melisse waschen und kleinzupfen. Aus Joghurt, Essig, Öl, Salz und Pfeffer eine Salatsauce anrühren. Löwenzahn, Käse, Nüsse und Petersilie mischen und auf Tellern anrichten. Mit der Salatsauce beträufeln. Vor dem Servieren mit Kresse und Zitronenmelisse bestreuen. Dazu den Lammstrudel und die Sauce auftragen.

Lammbällchen mit Kirschsauce

700 g mageres Lammhackfleisch
4 Schalotten
2 gepresste Knoblauchzehen
2–3 Eier
1 Messerspitze geriebener Muskat
½ TL gemahlener Zimt
1 TL Zucker
5 EL Öl
etwas Zitronensaft
10 g Speisestärke
400 g Sauerkirschen (abgetropft, Saft auffangen)
1 Bund Petersilie
Salz und Pfeffer

1 Das Hackfleisch, die Eier, die gewaschene, kleingeschnittene Petersilie und die kleingeschnittenen Schalotten verkneten. Knoblauch schälen, pressen und dazugeben. Mit den Gewürzen Salz, Pfeffer und Muskat abschmecken.

2 Die Fleischmasse in 18 Bällchen formen. Den Saft der Sauerkirschen mit Zimt, Zucker und Zitronensaft aufkochen und mit der kalt angerührten Stärke binden.

3 Die Hackfleischbällchen in heißem Öl braten. In der Zwischenzeit die Sauerkirschen in den gebundenen Saft geben und langsam erhitzen – nicht kochen.

4 Die Lammbällchen auf einem Teller anrichten. Mit Kirschsauce beträufeln. Man kann die Bällchen auch turmartig aufschichten und die Kirschsauce von oben herunterlaufen lassen. Als Beilage reicht man Baguette. Eine ideale Speise für ein kaltes Büfett.

Gespickter Rehrücken

1 Rehrücken
100 g Speck
2 Thymianzweige
1 Rosmarinzweig
4 Wacholderbeeren
200 g Butterschmalz
250 g Buttermilch
etwas Zitronensaft
1 Becher saure Sahne
1 Zwiebel
1 Möhre
1 Ltr. Wildfond
Salz und Pfeffer

1 Das Fleisch waschen, von den Häuten und Sehnen befreien und über Nacht in Buttermilch einlegen, damit es schön zart wird.

2 Am folgenden Tag das Fleisch aus der Buttermilch nehmen, abtrocknen und den Rehrücken spicken. Mit einem scharfen Messer kleine Ritzen in das Fleisch stechen und den in kleine Streifen geschnittenen Speck hineinschieben – verteilt über das ganze Fleisch. Dann das gespickte Fleisch mit Salz und Pfeffer einreiben, mit etwas Zitronensaft beträufeln und nochmals 1 Stunde ziehen lassen.

3 In einer Pfanne Butterschmalz erhitzen und das Fleisch von allen Seiten gut anbraten. Den Braten aus der Pfanne nehmen, die kleingeschnittenen Zwiebeln hineingeben, kurz andünsten lassen und den Braten wieder darauflegen.

4 Die Thymian- und Rosmarinzweige etwas zerkleinern und mit den zerdrückten Wacholderbeeren auf das Fleisch legen. 1 Ltr. Wildfond hinzugießen und den Braten bei 200 °C zugedeckt circa 60 Minuten schmoren lassen. Feinschmecker geben noch ¼ Ltr. Rotwein hinzu. Dann sollte das Zugießen des Wildfonds aber um ¼ Ltr. verringert werden. Zu dem gespickten Rehrücken reicht man am besten Thüringer Klöße und Rotkohl.

Rehkeule

1 Rehkeule ohne Knochen
2 große Zwiebeln
2 Stangen Lauch
3 Knoblauchzehen
10 Pfefferkörner
2 Zweige Thymian
1 Zweig Rosmarin
3 EL Tomatenmark
4 EL Olivenöl
250 ml Rotwein
750 ml Wildfond
etwas saure Sahne
Salz und Pfeffer

1 Die Keule mit Salz und Pfeffer einreiben. In einem Bräter Öl erhitzen. Das Fleisch von allen Seiten gut anbraten und aus dem Bräter nehmen.

2 1 EL Olivenöl zum Bratensatz geben. Zuerst die in Würfel geschnittenen Zwiebeln, dann das in Ringe geschnittene Lauch und den Knoblauch darin anbraten. Pfefferkörner, Thymian, Rosmarinzweig sowie das Tomatenmark zufügen. Alles gut braten und die Rehkeule zurück in den Bräter geben.

3 Den Rotwein sowie 500 ml Wildfond angießen. Das Ganze in den auf 200 °C vorgeheizten Backofen geben. Das Fleisch circa 50–60 Minuten schmoren lassen. Dabei immer etwas Wildfond zugießen.

4 Die Keule herausnehmen, in Alufolie wickeln und warm halten. Sauce einkochen lassen und durchpassieren. Mit Salz, Pfeffer und saurer Sahne abschmecken.

Sauerbraten

½ kg Rindfleisch
100 g Möhren
100 g Lebkuchen oder Pumpernickel
50 g Knollensellerie
50 g Petersilienwurzel
125 ml Essig
125 ml Weißwein
1 Lorbeerblatt
1 Zwiebel
2 EL Rapsöl
2 EL Mehl
1 TL Zucker
Muskatnuss
3 Gewürznelken
Salz und Pfeffer

1 Für die Beize Möhren, Petersilienwurzel und Sellerie schälen, waschen und in kleine Würfel schneiden. Das Gemüse, den Essig, ½ Ltr. Wasser, die Gewürznelken, 1 Prise Muskatnuss und 1 Lorbeerblatt in einen Topf geben. Kurz aufkochen und 5 Minuten bei schwacher Hitze weiterkochen lassen.

2 Die Beize über das Fleisch gießen. 2–3 Tage zugedeckt an einem kühlen Ort aufbewahren.

3 Das Fleisch aus der Beize nehmen und abtropfen lassen. Von allen Seiten mit Salz und Pfeffer einreiben und in heißem Öl kräftig anbraten. Die Zwiebel im Öl anbraten, Zucker und Mehl zugeben, braun werden lassen. Mit dem Wein ablöschen und die Beize zugießen. Darin den Braten etwa 1 Stunde zugedeckt bei schwacher Hitze köcheln lassen, dann wieder herausnehmen und warmstellen. Die Sauce durch ein Sieb geben, den zerbröselten Lebkuchen oder Pumpernickel zur Sauce geben, nochmals kurz aufkochen lassen und abschmecken. Dazu passen hervorragend Klöße und Rotkohl.

Übrigens Die Beize macht das Fleisch schön weich und gibt den typisch sauren Geschmack. Sauerbraten wurde in der DDR nur zu besonderen Anlässen zubereitet.

Blumenkohltopf mit Rindfleisch

400 g mageres Suppenfleisch vom Rind
1 großer Blumenkohl
60 g Butter
1 gehackte Zwiebel
2 Pck. Suppengrün
1 Ltr. Fleischbrühe
1 ½ Tassen Reis
1 Ei
1 EL Semmelbrösel
4 EL geriebener Käse
Petersilie
Salz und Pfeffer

1 Das Fleisch in kleine Würfel schneiden, salzen, pfeffern und mit der Butter kräftig anbräunen. Die Zwiebelwürfel und das geputzte, kleingeschnittene Suppengrün hinzufügen, braten lassen, bis das Gemüse gerade zu bräunen beginnt.

2 1 Ltr. heiße Fleischbrühe zugießen und alles etwa 30 Minuten bei kleiner Flamme kochen lassen.

3 Den in Röschen zerteilten Blumenkohl dazugeben, noch etwa 8 Minuten kochen lassen, bis der Blumenkohl gar, aber noch fest ist. Inzwischen den Reis in 2 Ltr. kochendes Wasser schütten, etwa 10 Minuten halb gar kochen. Dann in ein Sieb gießen, mit kaltem Wasser überspülen und abtropfen lassen.

4 Eine Auflaufform mit der restlichen Butter ausstreichen und schichtweise mit dem halb garen Reis, den Fleisch- und Gemüsewürfeln sowie den Blumenkohlröschen füllen. Knapp ½ Ltr. von der abgeschmeckten Fleischbrühe zugießen und die Form zugedeckt für 30 Minuten in den vorgeheizten Backofen geben.

5 Das Gericht mit dem verquirlten Ei, den Semmelbrösel und dem Käse bedecken und nicht zugedeckt noch etwa 8 Minuten im Ofen überbacken. Vor dem Servieren mit gehackter Petersilie bestreuen.

Salate und Desserts

Schopska-Salat

5 Tomaten
1 Gurke
2 Paprikaschoten (rot und gelb)
1 Zwiebel
Schafskäse
Petersilie
Essig
Öl
etwas Zitronensaft
Salz und Pfeffer

1 Die Tomaten waschen, abtrocknen und in Würfel schneiden. Die Kerne und die Stängelansätze dabei entfernen. Die Gurke waschen und ungeschält in dünne Scheiben schneiden. Die Paprikaschoten waschen, entkernen und ebenfalls in dünne Streifen schneiden. Die Zwiebel abziehen und in kleine Würfel schneiden. Die Gemüsestreifen mit den Zwiebelwürfeln in eine große Schüssel geben und alles gut vermischen.

2 Öl, Essig, Zitronensaft, Salz und Pfeffer gut verrühren. Die Marinade über den Salat geben und alles gut unterrühren. Den Schafskäse in kleine Würfel schneiden und zuletzt über den angemachten Salat geben.

Übrigens Es ist ein einfacher Salat, der schnell zubereitet ist und viele Vitamine enthält. Dieser Salat stammt ursprünglich aus Bulgarien. Er wurde zu DDR-Zeiten sehr oft in den damaligen Restaurants angeboten. Seinen Namen hat der Salat angeblich von den Schopen, jenen Bauern rings um Sofia, der Hauptstadt Bulgariens, deren Folklore sich durch besondere Farbenpracht und Facettenreichtum auszeichnet.

Rote-Bete-Heringssalat

300 g Heringsfilet
2 Rote Bete
2 Bockwürste
250 g geschälte, gekochte Kartoffeln
2 geschälte, entkernte Äpfel
1–2 saure Gurken
¼ Ltr. Gurkenwasser
2 gekochte Eier
3 EL Mayonnaise
Salz und Pfeffer

1 Alle Zutaten – bis auf die Mayonnaise, Salz und Pfeffer – sehr klein schneiden, gut durchmischen und die Masse 2 Stunden durchziehen lassen.

2 Nachdem alles gut durchgezogen ist, die Mayonnaise und die Gewürze hinzugeben, das Ganze gut vermischen und servieren. Dazu am besten Baguette reichen. Besonders köstlich schmeckt es, wenn man auf das Brot eine Scheibe Schinken legt.

Übrigens In vielen DDR-Haushalten kam dieser Salat zu Weihnachten zum Abendessen auf den Tisch. Er ist einfach zuzubereiten und hält sich im Kühlschrank einige Zeit.

Kürbissalat und Kürbis süßsauer

Kürbissalat

380 g Kürbis
2 Gewürzgurken
1 Zwiebel
1 rote Paprika
3–4 Tomaten
2 EL gehackte Petersilie
2–3 EL Öl
Essig nach Geschmack
Salz

Kürbis mit Gurkenhobel zerkleinern. Die Gurken würfeln, die Zwiebel schälen und feinreiben, die Paprika entkernen und würfeln. Alles mit den restlichen Zutaten gut vermengen und mit Tomatenscheiben garnieren.

Kürbis süßsauer

1 kg Kürbisfleisch
190 ml zehnprozentiger Weinessig
750 g Zucker
1 Prise Salz
1 Stück Zimtrinde
2 Messerspitzen Ingwer
2–3 Nelken
1 Stück Zitronenschale

Kürbis in handliche Stücke teilen und nicht zu dünn schälen. Das innere Fruchtfleisch mit den Kernen entfernen. Das feste Kürbisfleisch würfeln. Den Weinessig zusammen mit ½ Ltr. Wasser, dem Zucker und den Gewürzen aufkochen, die Kürbiswürfel dazugeben und glasig köcheln. Nach dem Abkühlen alles in einen Steinguttopf oder in Einweckgläser füllen. So hält sich der Kürbis einige Zeit, er sollte dabei gut abgedeckt sein und an einem kühlen Ort stehen.

Übrigens Ob als Salat oder Dessert – Kürbis ist ein nahrhaftes, gesundes Gemüse. Das Fleisch ist faserreich und enthält Karotin sowie Stärke und natürlichen Zucker.
Eingelegt und fest verschlossen hält sich Kürbis bis zu sechs Monate lang.
In der DDR erfreute sich süßsaures Kürbiskompott großer Beliebtheit.

Sächsische Quarkkeulchen

650 g Kartoffeln vom Vortag
200 g Mehl
300 g Quark
50 g Zucker
2–3 Eier
Abrieb einer Zitronenschale
Rosinen
Bratfett
etwas Salz
Zucker zum Bestreuen

Die geriebenen Kartoffeln locker mit dem Mehl vermengen und mit den übrigen Zutaten zu einem Teig verkneten. Keulchen daraus formen und im heißen Fett auf beiden Seiten goldbraun braten. Man kann sie mit Zucker bestreuen, oder man isst Apfelmus dazu.

Rhabarberkompott mit Baiserklößchen

Für das Kompott

750 g Rhabarber
300 g Erdbeeren oder Himbeeren
1 Vanilleschote
1 unbehandelte Zitrone
125 g Zucker
50 g geschlagene süße Sahne
½ Ltr. Fruchtsaft

Für die Baiserklößchen

4 Eiweiß
1 Prise Salz
5 EL Zucker
1 Vanillezucker

1 Den Rhabarber waschen, putzen und in fingerbreite Stücke schneiden. Die Erdbeeren oder Himbeeren waschen. Große Früchte halbieren oder vierteln. Die Vanilleschote längs aufschneiden und das Mark herauskratzen. Die Zitrone waschen und abtrocknen und dann Zitronenschale abkratzen.

2 Obst, Vanillemark, Zitronenschale, Zucker und Fruchtsaft in einen Topf geben und zugedeckt bei schwacher Hitze circa 10 Minuten köcheln lassen.

3 Eiweiß in eine fettfreie Schüssel geben und mit einer Prise Salz zu einem festen Schnee schlagen, dabei nach und nach den Zucker zufügen.

4 Zwei Fingerbreit Wasser in einen Topf geben und zum Sieden bringen. Der Topf sollte eine weite Öffnung haben. Mit einem Esslöffel Klößchen aus dem Schnee stechen und vorsichtig in das siedende Wasser legen. Zugedeckt die Klößchen 5 Minuten ziehen lassen, aber nicht kochen.

5 Mit einem Schaumlöffel die Baiserklößchen auf den mit Rhabarberkompott gefüllten Teller legen und vielleicht mit einem Blatt Minze verzieren.

Schokoladenmus mit Eierlikör

150 g Zartbitterschokolade
350 g geschlagene süße Sahne
2 Eier
2 EL Rum
Eierliklör

Die Schokolade grob würfeln und in einer Schüssel auf einem heißen Wasserbad schmelzen lassen. Die Eier mit 3 EL Wasser in einer weiteren Schüssel auf einem heißen Wasserbad cremig schlagen. Die zerlassene Schokolade und den Rum darunterrühren, bis eine cremige Masse entstanden ist. Vom Wasserbad nehmen, die geschlagene süße Sahne vorsichtig unterheben. Das Schokoladenmus in Gläser füllen und zugedeckt im Kühlschrank 5 Stunden stehen lassen. Danach mit Eierlikör beträufeln und mit einem Blatt Minze garnieren.

Für selbstgemachten Eierlikör

4 Eier
200 g Staubzucker
2 Päckchen Vanillezucker
1 kleine Flasche Kondensmilch
Saft einer Zitrone
1 ½ Glas Wodka
110 ml Primasprit

In eine Mixtulpe die frischen Eier sowie den Staubzucker geben und alles gut durchmixen. Den Vanillezucker, die Kondensmilch und den Zitronensaft hinzufügen, alles weiter mixen, dann den Wodka und den Primasprit hineingießen und alles weitere 5 Minuten ordentlich durchmixen. Es muss dabei eine cremige, noch flüssige Masse entstehen.

Dann die Masse in gereinigte Flaschen schütten. Nach einigen Tagen Ruhezeit ist ein köstlicher, cremiger Eierlikör entstanden.

Rezeptregister

Übrigens Die Zutatenmengen der in diesem Kochbuch versammelten Rezepte sind zumeist für vier bis fünf Personen ausgelegt.